왜왜

김상환 시집

서정시학 시인선 204

서정시학

초승달은 푸른 말이다

달의 갈기 곧추 세워 소녀는 현을 켠다

물수제비처럼 선율이 하늘가에 퍼진다

말은 검푸른 달

그 달의 말과 빛으로

뭇별이 쏟아지면

홍교 아래 물이 흐른다
  ―「달과 소녀 ― 서양화가 강산국에게」 전문

서정시학 시인선 204

왜왜

김상환 시집

서정시학

"德萬 아버지와 達蓮 어머니에게"

시인의 말

첫 시집 『영혼의 닻』 이후 33년 만이다.

운문을 나서니 운문이
시가, 노래가 되는 것은
사이라는 현이다.

명가명비상명의 저녁이 가고
이름을 알 수 없는 새벽이 오면
나는 아프다.

야마野馬와
살갗과 읍울悒鬱과
거룩한

2023년 6월
소목골에서 김상환

차 례

시인의 말 | 7

1부

운문 | 15
왜왜 | 16
빈집 | 17
나무 믹담 | 18
비가 아비가 있느냐 | 20
새를 묻다 | 21
저녁 성당, 못 | 22
내매 | 24
금호강변에 봄버들 | 26
봄편지 | 28
겨울 입암 | 29
물의 즉 | 30
산정호수 | 31
벙어리와 고독한 자의 송사 | 32
무덤은 순전한 물음이다 | 34
참꽃선 | 35
6월 6일 | 36

2부

비슬사월 | 41
묵상하는 새 | 42
피정의 집 | 43
구룡산 옛 숲 | 44
검은등할미새 | 45
달과 소녀 | 46
여행자 | 47
가지산 상상 | 48
과연 태산 | 49
봄날은 간다 | 50
그의 봄 | 51
저녁 산책 | 52
우르비 에트 오르비 | 54
마음의 못물 | 55
심검당 | 56
보리씨 | 57

3부

행역行易 | 61

석경 | 62

별안 | 63

눈깃 | 64

동천 완장 | 65

꽃살문 | 66

범물, 흰 | 67

선원에 들다 | 68

서역의 달 | 69

입추와 백로 사이 | 70

기침 벚꽃 | 71

알 수 없는 | 72

분홍 꽃신 | 74

안도에 와서 | 75

죽음에 대하여 | 76

슬픔이란 말 | 77

4부

천지간 놀이 | 81
꿈나비 | 82
흰 개가 짖는 갑년 | 83
주름 | 84
새벽길 | 85
울음빛 | 86
저녁의 훈 | 87
아버지와 함께 찾아간 여름 바닷가 | 88
아그배나무 기억 | 89
비가 | 90
말 | 91
외로운 늑대 | 92
흐린 날의 섬진 | 93
밤고양이 | 94
겨우 닿은 고요 | 95
마침내 | 96
개암에 들다 | 97
해설 | 심연에 대한 유현幽玄한 사유와 통찰 | 김홍진 | 98

1부

운문

배롱나무 근처
그늘에서의 일이다

한여름 오후
법고 소리에 개울물이 깨어나면
꽃담에 비친 나는 비非,
아니 나비가 되어버린
나반존자의 하늘

구름은 멀고 체에 거른
바람이 건듯 분다

구름체꽃을 본 지 오래
고도리 석조여래입상을 떠나온 지 오래

죽은 새를 뒤로 하고 운문을 나서니
시가, 노래가 되는 것은
사이라는 현이다

왜왜

德萬 아버지는 말씀하셨지요

만 벼랑에 핀 홍매가 말없이 지고 나면 무릎을 펼 수 없어 나이테처럼 방안을 맴돌고 물음은 물가 능수버들 아래 외로 선 왜가리가 왜왜 보이지 않는지 먼 산 능선이 꿈처럼 다가설 때 두엄과 꽃이 왜 발 아래 함께 놓여 있는지

達蓮 어머니에 대한 궁금은 앵두 하나 없는 밤의 우물가에 몰래 흘린 눈물 이후 단 한 번의 말도 없는 손 다시는 펼 수 없는 축생의 손가락, 산수유나무 그늘 아래 먹이를 찾는 길고양이처럼 길 잃은 나는 왜 먼동이 튼 아침마다 십이지신상을 돌고 돌며 천부경을 음송하는지 좀어리연이 왜 낮은 땅 오래된 못에서 피어나는지 어느 여름 말산의 그 길이 왜 황톳빛이고 음지마인지

해맞이공원을 빠져나오다 문득, 사리함이 아름답다는 생각

빈집

    가지사이로달빛이새어나온다새로운병은나을기색조차없다기별의기별도없이사라진먼나무그늘로수염이자라듯삼이자란다빈집에서듣는에릭사티의짐노페디2번베란다의꽃이란꽃은말이없다느리고슬픈피아노의무한선율명가명비상명*의저녁이가고이름을알수없는새벽이온다꿈은사라지고나는아프다

    야마野馬**와
    살갗과 읍울悒鬱과
    거룩한

---

* 노자 『도덕경』 1장. 명가명비상명名可名非常名 이름을 부를 수 있으면 (그 이름은) 변함없는 이름이 아니다.
** 『장자』 내편 「소요유」. 연못 가운데 피어오르는 아지랑이.

나무 믹담*
— 부인사

겨울 산사를 찾았다
부인은 없고
부인과 함께 바라본 느티가 묻는다
사는 게 사는 게 아니지?
그럴 땐 나를 봐 무를 봐,
라고 곁에 선 왕벚이 거든다
나무에 새겨진 칼날의 허
공에는 마침내의 도가 있다
한쪽 귀가 깨진 석탑
풍경과 바람과 석등의 비밀이
부인에 있다
대웅전 지붕 끝 치미가
하늘을 오르다 말고
산신각 앞에 내려와 앉는다
흠도 티도 없는 절집 아침
마당과 마음을 돌고 도는 나는
포도나무 잎 진 자리

---

* 히브리어(מכתם, Michtam). 조각에 새겨 놓은 금언이나 지혜의 말씀.

떨켜를 생각한다
저잣거리로 내려가는 길
눈의 흰 그림자

비가 아비가 있느냐

어린 나귀 타고
예루살렘에 입성하는
예수의 애수

종려나무 가지 흔들며
호산나호산나 외치는 뭇사람의 죄를
공중파로 전해 듣는다

네거리 지나는 차가 모퉁이를 돌자
벚나무 꽃잎이 난분분
그의 죽음 그의 부활이 코앞이다

비가 아비가 있느냐
이슬 방울은 누가 낳았느냐*

눈과 마음은
그날 그 저녁의 훈(熏)에 있다

---

* 구약성서 「욥기」 38장 28절

새를 묻다*

눈은 내려 쌓이고
차가운 시멘트 바닥 위
동박새가 죽어간다

아직도 남아 있는 온기
새는 주머니 속에 잠든 채
사려니숲으로 간다

마른 꽃들을 모아 새를 묻다
비자나무 옆이다

그칠 줄 모르는 눈
허공을 맴도는
큰부리까마귀들 소리에
눈은 내리고 갈 길은 멀고

---

* 한겨레신문 기사 〈간수염 동물기〉를 읽고.

저녁 성당, 못

검은 빛의 하느님은 못에 산다

짧은 다리 물오리는 물 위에
붉은 귀 거북이는 물 아래 산다

구름에 가려진 달빛
풀벌레 소리에 닿다

못에 핀 수련의 고요
그 고요 속에서
물고기가 달을 읽는*밤

가지 끝에 매달린 물의 방울들
종소리의 저녁은 들리지 않고
먼 불빛만 휘황하다

마음의 집 하느님은

---

* 경허 선사의 게송. 靜聽魚讀月: 고요함 속에서 물고기가 달 읽는 소리를 듣다.

검은 물을 떠나지 않는다
혼자 부르고 싶은 이름

하느님은 구월의 구원이다

내매*

내매를 떠나온 지 오래
금호강변을 걷는 오늘은 장대비
그칠 줄 모르는 물의 분노와 슬픔을 본다

진주 강씨 선조가 왜란을 피해
처음으로 발을 들여놓았다는 마을
내매에 홍수라도 나면
집과 가축이
꽃잎처럼 물 위에 떠올라
더는 흐르지 않는 것은
매발을 닮은 꽃잎 때문이란다

내성천의 금모래
물총새를 잊은 지 오래
물에 잠긴 꽃, 물에 감긴 물에

---

* 경북 영주 내성천의 '내乃'와 매화낙지梅花洛池의 '매梅'를 따 지은 이름. 진주 강씨 집성촌으로 고운 모래와 맑은 물이 유명한 그곳은 댐 건설로 인해 더 이상 옛 모습을 찾기 어렵게 됨.

흰수마자가 돌아오면 이 비가 멎을까
한번 가신 어머니 웃으며 날 반길까
꽃은 벌써 지고 없어도
내매라는 말, 목소리는 여전하다

다리 난간에 기대어
인도마저 삼켜버린 금호강에 밤이 오면
마침내 매화에 들다

금호강변에 봄버들*

 봄햇살이 꿈만 같은 금호강변, 그 긴 회랑을 혼자 걷는다 벚꽃은 아직 피질 않고 목련은 벌써 만개한 채로다 어룽진 물무늬 위 유람선은 물가 버드나무에 물이 오르면 난장이다 북소리 노랫소리에도 물오리는 물이 좋아 물에서 산다 온천장 여관 탱자나무 울타리 참새떼가 나뭇가지 사이를 무애자재로 누비고 다닌다 바둑이도 따라 길을 걷는다 오후 세 시의 다리를 건너면 오솔길, 그 작은 가지마다 새순이 돋는다 한낮에도 검은 별자리가 내려다보이는 누樓에 올라 주문을 왼다

 각항저방심미기를소리내어읊조리는사이일시무시일일종무종일을소리내어말하는사이화이트헤드무라야마히토시기욤뮈소지금이순간우주는정말하나뿐일까한스폰빌로우의3B정화된밤을기다리는사이알파노의푸치니투란도트쥐스마이어의모차르트레퀴엠봄의제전은순전히리듬이다

 천부경의 몸과 놀이

---
* 취운재 박성철 선생의 시 「소래포구 풍경·실함3」을 차운하다.

전신하늘걷기 크로스컨추리 트위스트
금호강변에 봄버들
옹천북후두문에 봄이 버들이 왔다
봄은 버드나무 가지 위에 조는 누에

봄편지

어머니, 당신의 손을 놓은 지도 벌써 십수 년이 지났습니다 꿈같은 세월이 흘러 이 자식도 이제 이순의 나이가 다 되었습니다 하지만 귀가 순해지기는커녕 세상 이치는 멀고 여전히 아득하기만 합니다 며칠간 고뿔이 심해 문 밖 출입을 하지 않고 있었던 것도 내심은 그런 이유에서였습니다 음양이 서로 반*인 춘분 지나 오늘은 조심스레 문밖을 나섰습니다 양지바른 언덕엔 잔디가 웃자라고 먼 산을 에돌아 강물이 흐릅니다 저 하늘 두우가 되고 싶어 그 빛의 소리마저 듣고 싶어 지상의 별자리를 돌고 돌아 돌에 새겨진 천부경 81자를 가만히 되뇌어 봅니다 그러다 나무 의자에 걸터앉아 쉼을 얻고 보면 등허리가 저리도 따사롭습니다 낮과 밤인 어머니, 당신의 나라에도 꽃이 피고 봄이 왔는지요 다음 주말에는 좀 더 멀리 집을 나설 요량입니다

겨울 입암

겨울 선바위에 갔다
어제 같이 내린 대설로 발이 빠졌다

우리는 한참이나 서서
오래된 서원과 나무를 이야기했다

마을로 가는 길
그 길은 좁고 적막하여 잔기침을 했다

토담벽 너머 화들짝 놀란
산수유 열매가 눈 속에 한껏 붉었다

얼음장 밑으로 흐르는 물
까치까치 설날이 이레 남았다

물의 즉

물의 중심은 둘레다
둘레가 물의 즉卽, 프론트*임을 안 것은
단산지에서의 일이다

탱자나무 가지 사이로
바라다 본 저수지, 희다
흰 새가 운다

물의 이마와 소리를 걷다 보면
천인국이 어느새 제방을 뒤덮다

길 끝 접시꽃 한 점,
즉물卽物이다

---

* 야기 세이이치에 의하면, 즉卽은 '~이다'와 '~아니다'(is/is not)를 동시에 의미하며, 프론트(경계) 구조에서 일어남.

산정호수

산정에는 호수가 있다

깊고 푸른 호수가 고요의 빛이라면 그 빛은 물과 산을 바라보는 고요, 아니 잎이 오므라든 채 겨울을 나는 가침박달의 흰 꿈이다 사향노루가 곤히 잠든 호숫가, 누군가의 한 생이 저물어간다

밤이 깊으면
십일월에 눈이 온다
빨간 자전거에 꽃이 핀다

벙어리와 고독한 자의 송사*

아들아, 말씀보다 절대 앞서지 말아라 그저 말씀에 더 깊이 들어가, 가서 배우거라 어둠은 어둠 속에서 밝고 가침박달나무의 가르침이 어디에 있는지 스스로 물어야 한다 아들아, 흰 그림 위에 찍힌 검은 점을 보거든 흰 바탕을 보아라 회사후소繪事後素란 말도 있지 않더냐 알레프, 베이트, 김멜, 달렛… 이렇게 알파벳 문자를 따라 외우다 보면 알레프는 문자의 기원, 말과 시의 처음인 것을 안다 동구 밖 키 큰 상수리나무는 그루터기도 없더구나 네가 곧잘 오르던 아그배나무는 비탈에서도 무럭 잘 자랐었지 그래요, 어머니!

많은 물소리 같은 요한의 음성**을 듣고 홀로 근심하는 자 앞에 놓인 밤의 포도주, 뜯겨진 달력 뒷면에 '사도신경'을 죄다 옮겨 적은 어머니도 르무엘왕의 어머니도 가고 없는 지금 나는 이제 누구의 권면을 더 들어야 하나. 들을 게 없다면 숫제 입이라도 다물까보다 아파트 분리수거함 뒤

---

* 구약성서 「잠언」 31장 8절
** 신약성서 「요한계시록」 1장 15절 참조

로 말없이 핀 벚꽃이 만개를 서두른다 서두를 일 하나 없는 나의 발 앞에 가는 비가 온다

무덤은 순전한 물음이다

무덤과 물음의
뙤약볕이 내리쬐는 길 위
무엇이 노래이고 무엇이 새인지
해를 따라 걷다 보면 안다

무덤은 생명의 경계를 듣는 귀*
먼 들녘에서 들려오는 소 울음소리
고분을 휘감다

정수리 위로 내리꽂히는
정오의 태양
예초음에 머리끝이 곤두서다

무덤은 순전한 물음이다

---

* 구약성서 「잠언」 15장 31절

참꽃선

　물결무늬 새겨진 너럭바위가 희다 물을 지나 바위 건너 깎아지른 절벽 틈에 핀 한 점 꽃 가까이 다가가 보니 나무가 아니고 헛꽃이 아니다 화인花印 삼매에 든 꽃이 주름바위를 들고 바위틈을 수행처로 삼은 것은 오로지 참인 때문이다

　참피가 흐르고 꽃의 무릎이 아프다
　그 피와 무릎으로, 눈과 마음으로 겨울이 가고 봄은 오는가
　꽃을 시샘하는 바람이, 무흘의 바람이 분다

　숨은 뱀의 씨줄과 날줄

6월 6일

1.

 모란은 벌써 지고 접시꽃이 피었다 층층나무 사이로 소리 없이 흐르는 강 목마른 까막까치가 파인 홈에 고인 물을 마신다 좀씀바귀와 개망초가 낮은 말을 건네는 오후 세시 삶은 수많은 색채를 경험하는 것* 개개비가 줄지어 선 개울 저편으로 초로의 그녀가 오면 나는 기린무늬를 한 포도 따라 이편의 길을 간다 그늘이 드리워진 숲속, 떨어진 새의 깃털과 고요를 본다 뿌리가 다 드러난 나무 아까시 싸리꽃 뱀딸기가 있는 오솔길을 벗어나면 비둘기 목의 말할 수 없는 색과 빛이 있다 벼랑에서 한 걸음 더 나아간 것도 모르고 춤추는 나비, 이내 사라지고마는 홀우룩빛죽새 먼나무는 보이지 않는다 유모차를 밀고 가는 젊은 아낙과 이제 막 이륙하는 민항기의 색과 공

---

* 로랑스 드빌레르(이주영 옮김), 『모든 삶은 흐른다 Petite Philosophie de La Mer』에서.

2.

기억공원을 몇 바퀴 돌고 난 뒤
선 채로 나무 그늘의 말을 듣는다
먼저 간 이의 눈과 마음
초록 뻐꾸기 소리, 들린다
꽃댕강나무 사이로 빛이 쏟아지면
솔이 높고 푸르다
바람에 절로 도는 선풍기
참새와 비둘기가 곁에 다가선다
소못골의 느티와 느릅나무는 알까
화랑이라면 알까 몰라
나가 먼저인지 나라가 먼저인지
고요는 내가 읽는 책의 갈피에도
바다에도 내려앉아 그늘의 영원을 만든다

2부

비슬사월

　내 증조할아버지 참꽃의 수술에는 열 개의 비파와 거문고, 깊고 먼 소리가 있다 그 소리와 향기가 순전한 이음이라면 나는 봄날 한낮 비슬산 꽃술에 취한다 아득한 고원이 붉다 못해 검은 것은 보일 듯 말 듯 목구멍 속 숨은 목젖 때문이다 그 옛날 할아버지의 어머니가 눈물로 읽었던 사월의 참전계, 경

묵상하는 새

주일 아침, 꽁지가 하얀 새 한 마리가 예배당에 찾아 들었다 어디서 어떻게 날아들었는지 모른다 천정 가까이 대형 스피커가 있는 난간에 걸터앉은 새는 신명기 말씀을 듣다 말고 출구를 찾아 나선다 이내 길을 잃은 새는 공중을 벌써 몇 바퀴째 도는지 모른다 두려움과 떨림이 한동안 이어진다 바로 그 순간 어디선가 들리는 그리스도의 음성, 내가 어디서 오는지 아는 자 있느냐* 입구나 출구란 본래부터 없는 구멍임을 알고 미동도 없이 묵상하는 새, 나는 마지막 축도가 끝나기 무섭게 출입문을 찾아 나선다 네 갈래 길이다

---

* 신약성서 「요한복음」 7장 27절 참조

피정의 집*

보랏빛 제비꽃을 밟을까 노심초사하며
잔디밭을 지나 순례길에 나선다

27번 묘역을 지날 무렵
어디선가 구슬픈 새소리 들리고
핏빛 진달래도 따라 피었다

세간에선 한 번도 듣지 못한 소리
보지 못한 꽃, 돌이끼가 거기 있었다

침묵과 고요만이 주인인 이 숲에 들면
나는 술래,
열린 창문 너머로 산벚과 흰구름이 보인다

피정避靜은 집
뒤로 끄는 마음의 수레

오늘 밤 뭇별이 뜨리라

---

* 대구 팔공산 〈피정의 집〉 여영환 오토 신부님께.

구룡산 옛 숲

  이 숲에 들기 전 너는 하나의 사물이었다 먹으면 약이 되다는 까틀복숭. 언덕에 오르면 까칠한 나는 어느 사이엔가 이순의 해맞이 소년이 된다 그 옛날 나무꾼의 피리 소리는 간 데 없고 산책 나온 강아지들 짖어대는 소리에 구룡산 옛 숲은 벌써부터 북새통이다 나뭇가지 위로 먼 산이 다가서면 염소자리는 내 차지 유술해자축인묘진사오미신 십이지신을 돌고 돌면 어질머리. 천부경 비문 앞에 멈춰 선다 집우 집주는 일묘연一妙衍*이라 오래전 집을 나와 이 숲 근처에 살기 시작한 나는 유생酉生,

  어디선가 날아든 닭
  후투티의 머리깃이 달처럼 솟아 있다

---

* 천부경 일절. 하나가 신묘하게 펼쳐진다.

검은등할미새

검은등할미새를 본 건 다리 난간을 막 지날 때였다 입간판에 그려진 할미새는 본래 산에서 산다 검은 피부에 등이 휜 할미는 죽어 새가 되었다 할미새가 잠든 음지마, 곡우인 지금 현호색이 군락을 이루고 모내기가 한창일 거다 교회 저녁종이 울려 퍼져 못물엔 슬픔이 가득 고여 있을 거다 알락할미새 때까치 해오라기 동고비… 내 마음은 검은 새와 흰 내 사이에 있다

달과 소녀
― 서양화가 강신국에게

초승달은 푸른 말이다

달의 갈기 곤추 세워 소녀는 현을 컨다

물수제비처럼 선율이 하늘가에 퍼진다

말은 검푸른 달

그 달의 말과 빛으로

뭇별이 쏟아지면

홍교 아래 물이 흐른다

여행자

    도솔암에서 이제 막 하산하여 선운사 마당 한가운데 들어서니 천지간 눈이 내린다 겨울 아침 절집의 고요란 이런 것인가 대웅전 뒷산 숲 그늘에 동백은 일러 피지 않고 어디서 날아든 동박새만 떼로 여행자를 반긴다

    낮별이 뜨고 무릇꽃이 피면
    선운의 눈발이 멎을 것인가
    선 채로 길을 떠
    나는 숲의 영혼 자작나무

가지산 상상

집을 떠나

가지산 상상봉에 올라서니

새털구름 대신 먹장구름이다

사물과 마음의 경계는 사라지고

하늘 저편 성스런 빛이 수직으로 내린다

천지간 또 하나의 지혜가 더해지는 순간,

풍경소리에 이명以明을 얻다

과연 태산

천가天街를 지나 돌계단을 바라오르다

태산은 끝내 보이지 않고
안개가 산알처럼 품고 있는 돌,
돌에 새겨진 「果然」이 붉다

돌담 위 집도 절도 없는 민달팽이뿔이
낮달과 교신하는 사이
푸른 이내가 깔린다

벽하사 너머 비파 소리
제단이 예서 멀지 않다

옥황정 앞 무자비無字碑를 보며
검은 자물쇠처럼 입을 닫고 만
나는 일자무

봄날은 간다

그림 액자 속 부엉새 울음소리
가지 위에 걸린 달의 유채꽃빛

통유리 너머 저수지
저수지 너머 자두꽃
복사꽃이 절정이다

물 위를 오가는 백로
물에 비친 나무그림자

미완의 것은 말이 없다
지혜를 홀로 아시는 하느님

실내는 지금 장사익의
찔레꽃 노래가 한창이다

가고 없는 사람
봄날 다저녁

그의 봄

우수의 금호강변을 뒷걸음질 쳐 걷는다
얼마를 더 걸으면 집에 가 닿을 수 있을까

바람이 불고 버드나무 가지 사이로
까막까치가 난다

반쯤 핀 매화
비둘기의 하얀 깃털이 새로 돋는다

은륜 아래 잔물결이 흐르는 동안
전투기가 굉음을 울려
금방이라도 왕벚은 꽃눈을 틔울 태세다

나뭇가지에 걸린 마스크 꽃
그림자가 짧다

아양 옛 기찻길을 걸으며 그의 슬픔이 질주한다*
겨울이 가고 겨울이 오면 집이 너무 멀다

---

* 〈질주하는 슬픔〉은 독일의 지휘자이자 파아니스트인 빌헬름 푸르트뱅글러가 「모차르트 심포니 40번」을 두고 한 말.

저녁 산책

저녁 참새가 떼로 운다
보리 이삭이 패었다

강을 따라 걷다 보면
늙은 능수버들

날파리떼가 앞을 가로막아
연신 손사래를 치며
그녀는 숲속 사잇길로 달아난다

나무그림자에서 엿듣는 피리 소리

흐르는 물 따라
팔랑개비가 맴을 돈다

사라진 잿빛 고양이

별자리를 돌고 도는 사이

굴렁쇠 같은
하루해가 다 저물었다

우르비 에트 오르비
— 코비드 19

옷깃만 스쳐도 인연이란 말
고비에 토정±精*이라는 말씀
그 돌기와 비말의 행방,
혹은 금지된 국가

   흰옷 차림의 프란치스코 교황이 홀로 미사를 집전하다 텅 빈 성베드로 광장에 봄비가 내리고 서서히 어둠의 막이 드리워진다 우산도 쓰지 않고 홀로 광장을 걸어가는 그의 뒷모습 그날의 강론은 우르비 에트 오르비 Urbi et orbi**

---

* 속담. 어려운 일이 공교롭게 계속된다.
** 로마 도시와 전 세계.

마음의 못물

갓 자아낸 실의 타래 따라

예까지 온 너는

마음의 못물을 본다

물의 수레바퀴 따라 도는 금붕어

물속에 어린 나무그림자

떡갈나무 잎이 말없이 지는 것도

까마귀가 머리 위를 맴도는 것도

모르는 못

너는 물바위에 잠긴 고요

정오의 물총새

심검당

  운흥사 심검당尋劍堂에 백구가 사라졌다 명을 다한 걸까 지혜의 검을 찾아나서기라도 한 걸까 골몰하는 사이 절집 마당 한가운데 핀 벚꽃을 향해 누군가 연신 셔터를 눌러댄다 바람에 흩날리는 꽃잎과 꽃잎들 유리상자 속 촛불이 밀어처럼 피어나는 지금 여기, 모음을 잃어버린 사람이 있다

보리씨

 아내가 가져온 새싹보리 씨앗을 접시물에 담궈 두었다 한 사나흘쯤 되었을까 움이 트고 젖니같은 싹이 돋아났다 화분에 옮겨 정성스레 물을 주고 나니 하루가 다르게 싹이 자라났다 어느 날엔 싹을 싹둑 잘라 열무와 함께 무침으로도 해 먹었다 씁쓸하니 어린, 아린 맛이 났다 다음 날 아침 싹을 자른 자리엔 젖은 슬눈이 송글, 맺혀 있었다

 이슬은 천 길 벼랑 생솔가지 끝에 내걸린
 보리씨 그대의 마음 그대의 슬기

3부

행역行易

우수가 닷새 남았다

금호강 벚꽃길에 들어서니 금빛 태양이 수면 위로 비친다
오가는 사람과 사람들 나뭇가지 사이로 참새가 떼지어 운다
꽃망울이 터지려나 민물조개 속 큰납지리가 알을 낳으려나

겨울이 가고 봄이 온다

석경

마침내 산음에 들었다
안개는 걷히고 석경 앞에 서서
나는 머리를 조아린다

천부의 지극한 말씀
그대에게 길이 있다면
이곳이 길이 되리라, 한다

거울을 마주한 이후
나는 밤이면 밤마다 하늘 저편
마차부자리에 오르는 꿈을 꾼다

잃어버린 시간을 찾아
이야기 찾아 서서 운다

그 돌울음으로 홍매는 벌써 지고
구절초는 다시 피었다

구암은 동쪽에서 왔다

별안

해오라비
외발로
잠든 물가

아직 길은
남았다

초저녁
별이 뜨면

별안
내가 낯설다

눈깃

처음이라는 말에는 눈이 있어요

금호강변을 에돌아 나오며

천부경 비문 앞

까치 꼬리깃에 내린 흰 눈을 보았어요

검은 빛의 무늬는

아득한 말이었어요

꿈이었어요

동천 완장

 문경 가은 완장리完章里에 가면 창자까지 시원하다는 선유동천 완장浣腸이 있다 물과 돌이 태반인 그곳, 너럭바위 사이로 흘러가는 물이 무심의 게송이라면 돌은 한 권의 서책이다 그 옛날 신령한 뗏목 대신 나뭇잎이 흘러간다 새로 산 신발을 벗어 두고 내 마음도 물길 따라 흘러간다 8곡 난생뢰鸞笙瀨에 오면 물줄기는 바윗돌에 새겨진 현이, 악기가 된다 생이란 말 황이라는 소리가 율 려 율 려로 흐르는 봄날 오후

꽃살문

꽃의 살
살의 문
문의 꽃

솟을
모란꽃
살문
솟을민
꽃
살문

열에서 하나
하나에서 법
열

범물, 흰
― 딸이 있는 집

흰
나무
그림자
창에 어리다

가지 끝에 앉은
새
한 마리

어린 꽃
사슴뿔이
보일 듯 말 듯

겨울 오후
범물
희다

선원에 들다

비가 긋자
투구꽃 핀 산을 오른다

계곡 지나 석등과 석등,
돌탑을 지나 선원에 들다
당초문 귀면과 깨진 기와는
벌써 선정에 들었다

절집은 안개 천지
기암절벽 아래 대웅전 삼성각은 물론
풍경소리마저 없다
처마 밑 흰 개는 지음이 없다

마당 한 켠
떨어지는 약수 물소리를 뒤로 하고

길 없는 길을 나서는
너는 누구?

서역의 달

바람은 늘 서역에서 불어왔다

허물어진 고성과 노새의 방울 소리
현장법사의 사자후 들릴 듯 말 듯하다

화염은 꽃과 나무
새가 없이도
아름다운 비단, 길이다

낙타가 그림자꽃을 피우는
한낮은 가고

투르판 밤하늘에
달이 떴다

집이 멀다

입추와 백로 사이

거문고 산조 같은 물이

    누樓의 터진 틈으로 흐른다

        코스모스 피고 자리잠이 나는 언덕

    늦매미 울음소리 길가에 잦아든다

돌아가 음건陰乾이라도 할까보다

기침 벚꽃

알랭 바디우를 읽는 밤
갑작스런 기침 멈출 수 없어
방을 나왔다

기침도 기침이려거니와
숨을 쉴 수 없어
막무가내로
그 방을 뛰쳐나왔다

가까스로 가라앉은 기침
고개 드니
문득, 눈물이 난다
벚꽃 만개

알 수 없는

이른 아침
어린이대공원 숲속 여자
한 손을 반쯤 치켜들고
한쪽으로 나무 둘레를 돈다
벌써 몇 바퀴째인지 모른다
기공 수련 중인가
나무와의 눈싸움 중인가

알 수 없는 시간이 흐르는 사이
소리와 몸짓은 점점 멀어져 간다
허공을 가르는
낮고 구슬픈 멧비둘기 소리

며칠째 알 수 없는 병으로
몸이 수척한 나는
전나무숲에 다다랐다
처서를 하루 앞둔 바람
눈은, 마음은 어디에 있는가

인도코뿔소가 갑작스레 길을 막아
말없이 어깨를 내어준다

분홍 꽃신

  망백의 시간, 당신은 그렇게 눈을 감았습니다. 곁엔 누구도 없었습니다. 영정사진 속 당신을 보면 향기가 나요. 하얀 국화꽃 향에 취하다 보면 일회용 향은 몰래 치워야겠어요. 잔뜩 흐린 날씨의 발인, 금방이라도 비가 내릴 기세입니다. 오늘은 살아있다는 게 문득 낯설어졌어요. 삶이란 죽음의 망망대해에 잠시 일어났다 스러지는 물결인 것을 당신께선 익히 알고 계셨겠지요. 이산면 운문리 산 117번지 꽃상여 대신 운구차를 앞세우고 우리는 마침내 장지에 다다랐습니다. 소나무와 낙엽송으로 에워싸인 묘역에서 하관 예배가 시작되고 취토를 하고 다시 비가 내리고⋯ 흰 구름 속으로 들어가는 문이 운문雲門이라면, 수의에 신겨진 분홍 꽃신은 단 하나의 운문韻文인 것을. 새 신을 신고 단박에 하늘나라로 뛰어오른 당신, 오늘 밤 꿈속에라도 만나고 싶어요. 허락해 주시겠지요?

안도에 와서

안도에는 기러기가 없다

사람의 안부가 궁금한 마른 솔이
구부정한 어깨를 하고
비렁길에 서 있다

그 너머
이월의 바다는
초병의 눈을 하고 섰다

죽음에 대하여

 목숨이 끊어지는 절명이 죽음이랴? 옛말에 죽과 병은 되어야 하고 되게 한번 앓는 것이 낫다 한다 삶에 대해서도 모르거늘 죽음에 대해 어떻게 알 수 있느냐고 반문한 공자도 필시 죽을 자로 인간을 규정한 하이데거도 죽고 없는 이 밤 울창한 대숲이 만든 문자와 그늘이 죽음竹陰이라면 무씨를 삶은 물에 멥쌀을 넣어 끓인 나복자죽蘿蔔子粥을 음미하는 건 다른 죽음이다 참죽은 깊은 그늘이자 한 그릇의 죽, 대숲 그늘에 죽음의 새순이 돋고 검은 솥에서 부글부글 끓어오르는 죽은 아픈 자를 눈 뜨게 한다 죽음의 그늘에서 부는 피리 소리 모든 것이 뒤섞인 죽의 현을 듣는 이여! 죽음은 죽음이다

슬픔이란 말

슬픔이란 말 슬픔이란 눈
빛과 소리에는
그 무엇으로도 형용할 수 없는
형이상이 있다

울음소리가
공간에 울려 퍼진다
새소리도 주춤한다
화로 속으로 관이 밀려 들어가면
연기와 연기

누군가의 침묵
누군가의 조바심
누군가의 혼절과 혼절

천지에 뼛가루 같은 흰 눈이 내리면
이산 내림에 간다
가서 돌아오지 않는 새와 나무
못淵을 생각한다

4부

천지간 놀이

 겨울이 가고 봄이라지만 아직은 이른 아침나절, 한 아이와 아이의 어머니가 풀밭에 나와 앉아 천지간 놀이를 한다 어머니는 그 옛날 다북쑥을 캐고 저 혼자 재재바르게 아이는 걷고 뛰고 뒹굴고 나자빠지며 대지와 어머니 사이를 분주히 오간다 부챗살 같은 아이 웃음소리 하늘가에 퍼진다 그 소리에 화들짝 놀란 민들레 홀씨 바람에 날리고 오래된 돌과 새로 돋은 봄풀이 한데 어우러진 대학박물관 그 길섶을 지나며 생각느니, 천국에도 이런 봄이 있을까

꿈나비

어디선가 날아든
흰 나비 한 마리가
자취도 없이 나래짓하며
배추꽃에 앉았다
작약꽃에 앉았다, 한다
홀린 듯 따라 맴돌다간
양지쪽 바른 자리에
나 또한 퍼질러 앉는다
봄햇살이 꿈만 같다
들리는 소리 하나 없이
자취도 없이 날아든
흰 나비 한 마리가
다시 두 마리 되어
철 이른 작약꽃에 앉았다
배추꽃에 앉았다, 한다
애체를 벗다

흰 개가 짖는 갑년

아름답고

깊고 먼

동이 튼다

묘현猫峴을

혼자

넘은 천부

경을 읽다

인중천지일*의

흰 개가 짖는

갑년

---
* 천부경 일절 人中天地一: 사람 안에는 천지가 하나로 들어와 있다.

주름

라인베르트 에버스의
클래식 기타 독주를 듣는 이 밤

깃털처럼 가벼워졌다
납덩이처럼 무거워지기도 한
그 성스러운 밤의 기타와
연주자 너머로
마른 국화와 억새가 있다

나무십자가의 은빛 세례
현을 타고 떠 흐르는 가을밤의 우수

바로크 음악을 듣는 밤
바로크는 끊임없이 주름을 만든다[*]

---

[*] 질 들뢰즈의 『주름, 라이프니츠와 바로크』에서.

새벽길

　새벽같이 그가 길을 떠났다 꽃 핀 베란다에 갇힌 나는 그저 먼동이 트기만을 기다린다 간밤에 읽다 만 청색종이, 시는 어떻게 새로워지는가* 창문 너머 어느 사이 해가 떠오르고 그는 무사히 아버지의 산에 당도했을까 스산한 바람 불고 단풍이 저리 고운 숲에 새로 태어난 봉분 주위를 흰나비가 훨훨

　내 안의 나
　비를 보는 이 아침

---

* 시 계간 『청색종이』 창간호(2021)의 기획 특집 제목.

울음빛

  하느님, 비처럼 내린다던 유성은 보이질 않고 밤을 새워 우는 벌레 소리만 천지에 가득합니다 계절이 가고 온다는 것이 그저 공으로 주어지는 게 아님을 새삼 느끼는 이 시간 눈물은 슬퍼서만 흘리는 게 아니랍니다 이 가을 요동벌은 아니어도 열에 열 골 물이 한데 합쳐지는 어디 좋은 울음터가 있다면 내 안의 지극한 소리를 한데 모아 목이라도 놓아 울고 싶습니다 지금은 당신께 드리는 나의 노래가 빛이 되는 순간입니다

저녁의 훈

두충나무 아래
어머니를 묻고 돌아온 날 밤

바람은 없어도 바람의 소리*는
방안 가득 떠 흘러 위位를 감싸고 돈다

꺼질 듯 말 듯한 향불이 피어오르면
슬픔이라는 빛과 소리,
현은 어디서 오는가

당신은 알 수 없고
말할 수 없는 당신은
저녁의 깊이 저녁의 혼

---

* 김영동의 〈바람의 소리〉는 전통 악기인 훈(壎 ―점토로 빚은 뒤 구워서 만든 악기)으로 연주되며 명상음악이자 일종의 진혼곡.

아버지와 함께 찾아간 여름 바닷가[*]

   정오의 모래사장에 누워 본 윌리암스의 교향곡 1번을 듣는다 모든 바다와 모든 배에게 말하노니, 하늘과 구름 사이를 흐르는 물에 숨결이 있다면 모든 것은 모든 것과 이어져 있다 모든 곳은 모든 곳에 가 닿는다 아버지와 함께 찾아간 여름 바닷가엔 지금도 해당화 곱게 핀 모래 언덕이 지문처럼 남아 있을까 솔숲에 이는 바람 소리는 예그대로일까 실내악이 흐른다 뭍과 물이 만나듯 아버지와 내가 만나 찰나를 살다 헤어진 아픔을 저 바다는 알까 뱃전에 부서지는 물거품을 보면 아버지의 쟁기에 날이 선다 거울 속은 여전히 짙은 눈썹이다

---

[*] 첫 시집 『영혼의 닻』(둥지, 1990)에 수록된 것을 다시 고쳐 쓰다.

아그배나무 기억

   옛집 근처 오래된 우물 하나가 있다 곁엔 또래의 여자아이가 살고 황씨 성을 가진 남자아이가 살았다 남자아이는 말을 잃은 지 오래. 우물 옆으로 난 돌계단을 오르면 솟을대문과 남새밭이 보인다 그 옆으로 나 있는 언덕바지엔 우뚝 솟은 참나무가 수문장처럼 서 있다 대문을 들어서면 마당 한가운데 아그배나무가 비스듬하게 서 있는 집, 나무에 올라 누이와 함께 맑고 푸른 하늘을 바라다보면 발아래는 낭이다 귀고리 같은 사과 열매가 반짝이는 옛집에서 서천은 멀지 않다 길고 긴 천변을 따라 걸으며 나는 팽이처럼 고요한 흐름을 본다

비가

말라죽은 장수풍뎅이와 숲을 떠나온 지
벌써 달포가 지났다

비가 내린다
창가에 얼비친 물그림자
그림 속 세례 요한의 거룩한 수도원은
벼랑 끝이다

은수자의 어깨 위로 비가 내리면
여름에 몸을 던진 자의 죽음과 침묵의
자정이 가까워 온다

말할 수 없는 것
보이지 않는 것에 대해
그는 서서 운다

말

물오리나무 위 돌계단이 가파르다

떨어져 누운 잎새

목마른 생의 목마름

허리춤에서 찰랑, 정오의 물소리 들리다

늙은 햇살은 허공에 흩어지고

숲속 까치 소리에 기침이 멎다

늦가을 오후

말이 산을 오르다

외로운 늑대

  하루 일을 마치고 어슴프레 밤이 찾아들면 나는 한 마리 개가 되어 부근의 산책로를 걷는다 길은 시든 메밀꽃밭을 지나 구민 운동장을 지나 가등을 따라 길게 이어진다 배롱나무가 입구에 서 있는 수련교에 이르렀을 즈음 하늘 저편 초생달이 나뭇잎 사이로 푸르다 나는 한 마리 늑대, 외로운

흐린 날의 섬진

강 따라 둑길을 걷는다

되새가 떼로 울고

물앵두 속이 저 혼자 익어간다

쌍계는 저만치 있는데

돌아 나온 거리의 벚꽃이 보이지 않는다

두껍아두껍아 꼭꼭 숨어라

흐린 날의 섬진

강강수월이 희다

밤고양이

 우리가 잠든 사이 작은 꽃밭에 또다시 암코양이가 찾아들었다 땅을 파헤치고 하루가 다르게 돋아나는 새싹을 꺾고 그것도 모자라 한 무더기의 똥까지 누고는 흙으로 덮어버린 채 어디론가 사라져버린 고양이 플라스틱 처마 위를 마구잡이로 들쑤셔 놓아 곤한 잠을 흔들어 깨우는 고양이 밤고양이 울음소리 저 하늘의 별과 달은 고놈의 고양이 하는 짓거리를 보고 무어라 꾸짖을까 욕설을 할까 빙그레 미소를 지어 보일까 못된 고양이와의 전쟁이 밤이면 밤마다 이어지는 사이 하루가 가고 일 년이 가고 다시 봄날의 꽃은 피고 꽃 같은 아침 해가 피어오르고

겨우 닿은 고요

분지인 이곳 대구에선
보기 드문 큰 눈이다

이튿날 한낮이 되어서야
긋는 눈
겨우 닿은 고요

마당 가장자리를 쓸다 말고
모로 누운 동백꽃
망울을 본다
추녀 끝 낙숫물 소리 듣는다

봄귀, 서다

마침내
— a에게

꽃은 피고 나는 울었다

물방울 같은 아이를 차가운 산

땅에 묻고 돌아온

웃음의 저녁이 가고

울음의 아침이 왔다

지금 목조대문 앞

그 꽃은

눈이 부시다

개암에 들다

백제의 유민 같은 눈이 내리면
토담벽 쪽문을 열고
한 아이가 들어선다

민들레 홀씨처럼
바람에 흩어지는 아이의 웃음소리

호랑가시나무가 발톱을 곤추세운다
처마 끝 풍경이 운다

능가산 해는 지고 대숲에 기대어 선
빛과 소금의 상형문자
위로 달이 뜬다

개암 같은 저 달

해설

심연에 대한 유현幽玄한 사유와 통찰

김홍진(한남대 교수, 문학평론가)

1.

많은 시간이 흘렀다. 만 스물넷이란 약관의 나이에 등단한 김상환은 첫 시집 『영혼의 닻』을 발간한다. 1990년 10월의 일이다. 『왜왜』는 그로부터 어언 33년 만에 세상에 내놓는 두 번째 시집이다. 시인에게 그간 무슨 일이 있었는지는 모르겠다. 문학박사 학위도 받고, 비평 활동을 지속적으로 이어온 자전적 사실로 보아 문단에서 완전히 떠나 있었던 것은 아닌 듯하다. 그런데도 왜 시작 활동을 멈

추었을까? 알 수 없는 일이다. 이 단절적 연속을 어떻게 이해해야 하나. 난감함 속에서 추론컨대, 자신의 문학적 생을 탄생시킨 시의 자리, 그 원초적 태반, 존재의 원적原籍으로 다시 돌아가고픈 어떤 각성이 이 시집을 낳지 않았을까 짐작할 뿐이다.

김상환은 자신의 문학적 시원 혹은 존재론적 기원을 찾아가고 싶었는지 모른다. 원초적 기원의 태반에 이르는 길이 시에 있음을 자각하고 단절을 연속하며 거기서 삶의 궁극을 찾고자 한 것이다. 산문의 시간을 지나 삶과 세계의 비의를 탐문하고자 한 것이다. 시 쓰기를 멈춘 긴 산문의 시간을 무無로 돌리고 운문의 형식에서 삶과 세계의 의미를 묻고 싶었을 것이다. 이를테면 표제 시에서 "물가 능수버들 아래 외로 선 왜가리가 왜왜 보이지 않는지", "두엄과 꽃이 왜 발 아래 함께 놓여 있는지", "좀어리연이 왜 낮은 땅 오래된 못에서 피어나는지", "말산의 그 길이 왜 황톳빛이고 음지마인지"(「왜왜」) 묻는 것처럼, 그의 시는 어떤 존재의 근원을 묻는 지점에서 출발한다. 그 물음이 '야마野馬'는 삶의 현기증과 '살갗'의 살아있는 감각과 살아있음으로 인한 "읍울悒鬱과/ 거룩"(「빈집」)함이라는 "모든 것이 뒤섞인 죽의 현"(「죽음에 대하여」), '사이의 현'(「운문」)에서 울리는 존재의 울림에 귀 기울이게 한다. 이때 귀 기울임은 궁극의 소리, 현상 너머의 어떤 본질을 투시하려는 사색적 정관을 말한다.

시 쓰기를 멈춘 이후의 긴 시간 동안 펼쳤던 탐색의 과정은 불가피하게 현실 원칙에 구속받는 산문의 시간이었을 것이다. 근대의 세계관이 강요하는 생산성과 근면성, 합리성과 유용성, 확실성과 물질성의 언어로 사유하는 삶의 실체는 현실 원칙이 강제한 노동에 불과하다. 그것은 자유로운 영혼의 창조적 활동과는 거리가 멀다. 되려 존재의 심연을 응시하려는 시선을 가로막는다. 그런 현실 논리의 언어가 지배하는 사유 속에서 삶은 중심을 잃고 분주하며 산만한 산문의 형식으로 경험될 수밖에 없다. 산문의 언어는 한낱 욕망으로 들끓는 거품의 소용돌이일 따름이며, 그 소용돌이 속에서 존재는 부재와 결핍으로 경험될 수밖에 없다. 그는 이제 이런 산문의 시간에서 돌아와 운문의 시간에 들었다. 운문 형식의 심연에 '영혼의 닻'을 내려 정박한 것이다.

> 묘현猫峴을// 혼자// 넘은 천부// 경을 읽다// 인중천지일의//
> 흰 개가 짖는// 갑년
> ―「흰 개가 짖는 갑년」 부분

이순을 훌쩍 넘긴 나이, 시인은 그만큼 강고한 현실 원칙, 온갖 욕망이 들끓는 산문의 언어로부터 벗어나 세계

내 존재를 통합된 시선으로 유연하게 응시하고 유현幽玄하게 정관하는 시적 사유를 펼친다. 이를테면 "유술해자축인 묘진사오미신 십이지신을 돌고 돌"아 어질머리로 돌아와 "천부경 비문 앞에 멈춰 선" "이순의 해맞이 소년"은 우주 창생의 원리로서 "일묘연一妙衍"(「구룡산 옛 숲」)이 품은 지혜의 눈과 귀로 사물을 보고 듣는다. 그가 처음 그러했던 것처럼 그는 천부天賦로서의 시에 영혼의 닻을 내리고 존재의 심연을 감각하고 삶과 세계의 이법을 통찰하고 순리를 직관한다. '갑년'에 이른 그는 "사람 안에는 천지가 하나로 들어와 있다"는 경전의 이법과 하늘의 말씀을 상징하는 "흰 개 가 짖는" 경전의 지혜에 따라 자아와 세계를 직관하고 통찰한다. 묘현의 긴 언덕을 넘어온 천부賤夫는 갑년에 이르러 하늘의 말씀인 천부天符 경전의 이치에 따라 처음 하늘이 준 천부天賦의 근본으로서 운문의 형식으로 돌아와 삶과 세계를 사유한다. 세계는 하나의 경전이고, 시 쓰기는 경전을 읽고 해독하는 행위인 것이다.

  천부天賦의 근본, "흰 개가 짖는" 하늘의 소리, 그 심연의 세계, "저녁의 훈塤"(「비가 아비가 있느냐」)이 들려주는 '순전한 리듬'(「금호강변에 봄버들」)에 영혼의 닻을 내린 것이다. 삶의 여정은 죽음이 찾아오는 것처럼, "숨은 뱀의 씨줄과 날줄"이 '겨울에서 봄'(「참꽃선」)을 불러오는 것처럼, 우로보로스의 뱀처럼 조금씩 둥글게 휘어져 어느 순간 출발점으로 되

돌아가기 마련이다. 시는 '묘현'처럼 길고 느리게 휘어져 마침내 근원으로 돌아온 '천부天賦'로서의 출발점이며 귀착점이다. 그곳에서 "흰 개가 짖는" 하늘의 소리 '천부天符' 경전의 말씀과 같은 일상의 문법이나 현실 원칙을 초월한 직관의 문법과 사유를 통해 삶과 세계가 은폐한 비의를 통찰하고자 한다. 시인은 출발점이자 귀착점인 운문의 세계에 영혼의 닻을 내리고 고요히 정박한 것이다. 운문 앞에 입을 다물고 긴 침묵에 빠져든 자리에서 새롭게 시의 길을 가려 한다.

> 울창한 대숲이 만든 문자와 그늘이 죽음竹陰이라면 무씨를 삶은 물에 멥쌀을 넣어 끓인 나복자죽蘿葍子粥을 음미하는 건 다른 죽음이다 참죽은 깊은 그늘이자 한 그릇의 죽, 대숲 그늘에 죽음의 새순이 돋고 검은 솥에서 부글부글 끓어오르는 죽은 아픈 자를 눈 뜨게 한다 죽음의 그늘에서 부는 피리 소리 모든 것이 뒤섞인 죽의 현을 듣는 이여! 죽음은 죽음이다
> ―「죽음에 대하여」 부분

김상환은 운문의 형식에서 새로운 소생의 언어, 영혼의 언어를 꿈꾼다. 그 안에서 존재의 심연을 탐색하며 생의 리듬을 감각하고 명멸하는 우주 창생의 이치를 사유한다. 그가 죽음, 죽음竹陰, 죽음粥飮이라는 동음의 언어유희를 통해 끝내 "죽음은 죽음이다", "참죽은 깊은 그늘이자 한 그

롯의 죽"이라는 예지적이고 계시적이며 잠언의 경구처럼 술회할 때 도달한 지점이 바로 유현한 사유 세계의 극점을 환기한다. 그리하여 "죽음의 그늘"은 대숲의 그늘이라는 일상적 의미를 떠나 "죽음의 새순"이 암시하는 것처럼 무어라 단언할 수 없는 중의적이며 무한히 열린 역설의 의미를 내포한다. 그것은 생과 사, 시작과 끝, 생성과 소멸을 동시에 포함하는 어떤 무엇이다.

죽음[死]과 죽음竹陰과 죽음粥飮, 즉 현실과 신비를 종횡하는 상상력은 영원한 회귀와 그를 통한 존재의 변모를 예비하고 있다. 김상환은 현실 너머로의 여행을 단념하지 못할 것이다. 그는 감춰진 것, 숨겨진 것, 보이지 않는 것에 이끌리며 모든 존재 위에 드리운 장막을 열어젖히고자 한다. 이처럼 그의 시는 자연적인 것에 깃든 초자연적인 것을 일깨우고 평범한 자연 현상에서 사물의 이치를 발견한다. 존재하지 않는다 해서, 보이지 않는다 해서 그것에 대한 꿈이나 이상의 추구까지 포기해야 하는 것은 아니다. 누구는 이런 비현실적 욕망을 단념하고 심연의 깊이보다 삶의 구체에 주목하라 권고할 수도 있다. 그러나 절대와 부재에 대한 시선을 거두는 순간 시는 사라진다. 그러면 시는 화려한 수사나 단순히 행갈이한 산문에 불과한 것으로 전락한다. 시란 결국 영원히 접촉할 수 없는 무엇에로의 다가감이다. 그리고 조금이라도 그 거리를 좁히기 위한 힘겨운

노력인 것이다. 여기에 김상환의 시 쓰기는 존재한다.

놀라운 통찰력과 직관력을 통해 시인은 삶 속에서 죽음을, 죽음 속에서 생명을, 탄생에서 죽음을 사유한다. 현실의 온갖 욕망과 가치와 문법의 구속을 물리치고 "죽음의 그늘에서 부는 피리 소리"와 "모든 것이 뒤섞인 죽의 현"에서 울리는 우주 창생의 원리로서 생성과 소멸의 소리, 그 궁극의 리듬과 언어를 지음한다. 하나의 오묘함—妙衍에서만 가지가 나온다萬往萬來는 천부경(「구룡산 옛 숲」)의 경구나 "열에서 하나/ 하나에서 법/ 열"이 마치 "꽃의 살/ 살의 문/ 문의 꽃"(「꽃살문」)으로 무한히 확산하고 응집하는 것처럼 하나가 만 가지를 생성하고, 만 가지가 하나로 수렴되는 우주의 이치, 혼연일체의 지극한 법열法悅을 노래할 때도 마찬가지이다. 따라서 존재의 근원에 대한 유현한 사유와 궁극적 통찰의 산물이 『왜왜』의 세계로 규정할 수 있을 것이다. 그것을 존재의 심연에 대한 유현한 사유와 통찰이라 부를 수 있을 것이다.

2.

시집 원고를 처음 접할 때 표면적으로 가장 두드러진 특성은 극명하게 양분되는 형태미이다. 짧고 정갈하며 거의 정형성에 가까운 행갈이를 기본으로 하거나, 아니면 행갈이 없는 산문시 형식으로 양분된다. 그런데 형태적으로 산문시 형식의 시들도 대체로 호흡이 짧고, 시의 마무리는 짧은 산문적 진술 뒤 두세 행으로 일정하게 처리하는 기법을 따른다. 그런 까닭에 형식적으로는 불필요한 수식이나 비유, 표현의 차원에서는 감정의 과잉 노출은 찾아볼 수 없다. 한마디로 섬세한 언어 조탁에 의한 정제되고 압축 절제된 형식미를 구현한다. 김상환의 어법은 고백적이며 회고적이다. 내면 깊은 곳에서 솟아나는 독백의 어조로 발화된다. 그런데 그 발화의 어법은 절제되고, 지극히 응축된 회화적 미를 구현하고 있다. 대상에 대한 표현적 접근은 매우 상징적이며 직관적이고, 내용은 다분히 계시적이며 잠언적인 특징을 갖고 있다. 그는 절제된 형식미와 표현미를 통해 시적 정조를 압축한다. 이러한 특성은 시집 어디를 펼쳐도 쉽게 만날 수 있다. 한 행을 한 연으로 처리하는 형태적 특성을 가진 작품들이 상당하다는 점, 2행이나 3행을 한 연으로 묶은 단형의 형식미를 구현한 작품들이 그 예이다. 상당한 정형, 운율, 압축, 회화, 상징의 미학을 고려한 다수의 작품들이 이를 단적으로 확인해준다.

꽃의 살/ 살의 문/ 문의 꽃// 솟을/ 모란꽃/ 살문/ 솟을 민/ 꽃/ 살문// 열에서 하나/ 하나에서 법/ 열

―「꽃살문」 전문

말할 수 없는 것, 드러낼 수 없는 것, 절대에 대한 침묵은 인간의 가장 큰 미덕이다. 이는 인간이 도달할 수 있는 가장 높은 정신의 다른 표현일 것이다. 마치 드러낼 수도 말할 수도 없는 것에 대한 절대적 침묵과 명상, 끝내 내뱉은 단말마의 언어처럼 시어들은 도드라져 있다. '꽃'과 '살'과 '문'이 서로 삼투하는 조화로운 원리로 삶과 세계를 이해하고자 하는 태도가 역력하다. 안과 밖, 자아와 세계, 사물들 사이의 경계와 구별이 무너지고 주체와 객체 사이에 가로놓인 모든 장벽이 사라진 상태에서 김상환 시인은 세계를 꿈꾼다. 아니, 모든 장벽과 경계, 분별과 차별이 사라진 세계가 시인을 꿈으로 불러들인다. 그리하여 세계의 자아화, 시인은 세계 그 자체가 된다. 그 꽃살문이 시인의 마음이며, 궁극의 지향점인 것이다.

　그런 까닭에 김상환 시의 언어 운용과 그가 지향하는 시 세계를 압축한다. 시제 "꽃살문"은 문살에 꽃무늬를 새겨 장식성을 높여 만든 문이다. 시인은 꽃살문이 지닌 조화로운 아름다움을 통해 궁극적으로 참된 이치를 깨달은 자의 황홀한 기쁨을 노래한다. 그 참된 이치는 바로 그의 시에서 자주 인유되는 천부경이나 불교 등의 원리나 이법을 암시한다. 시인은 "열에서 하나"가 나오고, 하나에서 참된 진리로서의 '법'이 나오는 이치를 '꽃살문'의 조화로운 무늬를 통해 통찰한다. 그것이 곧 황홀한 '법열'임을 노래한다. '열'이라는 전체를 통해 하나를 실현하고, '하나'라는 부분에서 전체 구조가 조화롭게 구현되는 이치를 '꽃살문'을 통해 보는 것이다. 하나에서 전체, 전체에서 하나로 나아가는 이법, 그리고 그 조화로운 아름다움이 곧 지극한 황홀감의 '법열'임을 시인은 말한다.

그런데 주목할 점은 무엇보다 그 황홀한 '법열'의 세계를 표현하는 언어유희의 기법이다. 한눈에 보아도 '꽃과 살', '살과 문', '문과 꽃', 그리고 '열과 하나', '하나와 열'의 동음 반복을 통한 운율적 효과를 불러일으키고 있음을 쉽게 알 수 있다. 이러한 단어의 연쇄와 동음의 반복을 통해 시인은 시적 분위기를 강화하고 의미를 집중하는 효과를 거두고 있다. 요컨대 이러한 통사구조의 반복은 형식적인 차원에서 시의 운율 창출에 기여할 뿐만 아니라 시의 조형감각과 형태적 안정감에 기여하고 있다. 동일한 음절의 교체 반복에서 파생하는 음향효과를 통해 두운이나 각운, 우리 시에서 그것이 가능한지는 면밀한 검토가 필요하겠지만 아무튼 리듬을 창출하는 데 기여하는 점은 분명하다.

병행과 구문의 반복적 회귀의 힘은 낱말이나 생각 속에 이에 호응하는 회기성을 자아내며, 구조상의 병립성이 구성원리로 배열에 투영되면 의미의 등가성을 촉진하는 법이다. 즉 이런 반복과 연쇄는 '꽃, 살, 문', '하나, 열'이라는 사물과 단어들 사이의 불투명한 장막을 걷고 존재들끼리 소통이 가능하도록 만든다. 또한 불시에 습격해오는 정신적 개안의 극히 짧은 순간을 짧은 단어의 반복과 음운의 연쇄를 통해 효과적으로 드러내는 데 기여하고 있다. 시인은 의도적으로 이런 수법을 전경화하면서 시의 분위기와 정조를 강화하고, 종국에는 참된 이치를 깨닫는 '법열'의 황홀한 느낌을 고조하는 효과를 거두는 것이다. 개별 사물들을 단일하게 응축시켜 전체에 접맥하고 통합함으로써 찰나적 정신의 개안이라는 핵심에 접근하는 효과를 거두고 있다.

덧붙이면, 1연은 시제 '꽃살문'의 형태를 말잇기 놀이처럼 풀어낸다. 아이들의 말놀음처럼 논제는 술사, 술사는 다시 논제, 논제는 다시 술사로 꼬리를 물고 이어지는 형식이다. 즉 꽃은 살, 살은 문, 문은 꽃이다. 거꾸로도 마찬가지이다. 즉 꽃은 문, 문은 살, 살은 꽃이다. 그리하여 꽃과 살과 문, 문과 살과 꽃은 하나의 '꽃살문'으로 탄생한다. 열이며 하나이고 하나이며 열인 것이다. 2연 역시 말잇기 놀음을 반복한다. 꽃살문, 즉 '솟을' 무늬에 새겨진 꽃은 '모란꽃', 다시 '모란꽃'의 '꽃'은 '살문'으로 이어져 '꽃살문'이 된다. 다음 행들, "솟을민/ 꽃/ 살문"은 솟을민꽃살문이라는 전통 문양의 문 이름을 구성하는 솟을무늬의 '솟을민'과 '꽃'과 '살문'을 떼어 한 행으로 배열한 것이다. 이것 역시 의미론적으로 열이 하나, 하나가 열인 이법을 암유한다. 3연 역시 말잇기 놀음을 연속한다. 숏을민꽃살문처럼 유기적 관계성 속에서 열이 모여 '하나'의 전체를 형성하고, 술사인 '하나'는 다시 논제가 되어 '법'과 '열'로 연속하며, 끝행 '열'은 다시 3연 첫 행의 '열'로 회귀하는 구조이다. 이때 술사인 '법'은 '하나'가 '열'인 이치, 그 속에서 시인은 우주적 조화의 '법열'을 본다. 시인은 "하나에서 법/ 열"이라는 행걸침(이런 기법은 여러 시에서 발견된다.)의 기법을 통해 지극하고 참된 우주적 조화의 황홀한 이법을 통찰하는 것이다.

  한 연을 한 행으로 처리하는 수법, 짧고 단정한 형태가 유발하는 행간의 여백, 의미의 단절적 연속 내지는 연속적 단절과 휴지, 행걸침의 기법을 활용한 중의적 표현 방법은 시의 핵심적 정수만을 표현 전달하는 효과를 불러온다. 이 같은 표현기법은 김상환 특유의 시법이다. 여기에 간명한 이미지의 추구와 언어표현의 상징성과 대상에 대한 세심한 배려가 단적으로 드러난다. 단형의 정제된 형태적 특성은 여백의 미를 고려한 의도일 것이며, 시간적 휴지를 감안한 시행의 구성은 음송의 리듬을 창출하는 동시에 긴 여운을 동반하는 시적 효과를 불러오도록 하기 위한 안배인 것이다. 요컨대 그의 시는 형태적으로 간결하고 정갈하며 정돈된 느낌을 준다. 이러한 형태상의 특징은 현실적 삶의 갈등과 대립을 드러내거나, 분열되고 투쟁하는 시적 자아라기보다는 고요하게 관조적으로 침잠하고 정관하는 시적 자아의 내면을 반영한다. 한 마디로 대상에 대해 조용히 침잠하는 정관의 사색적인 태도를 보여준다.

또 이와는 반대로 산문 형식의 진술 방식을 따르는데,

> 문경 가은 완장리完章里에 가면 창자까지 시원하다는 선유동천 완장浣腸이 있다 물과 돌이 태반인 그곳, 너럭바위 사이로 흘러가는 물이 무심의 게송이라면 돌은 한 권의 서책이다 그 옛날 신령한 뗏목 대신 나뭇잎이 흘러간다 새로 산 신발을 벗어 두고 내 마음도 물길 따라 흘러간다 8곡 난생뢰鸞笙瀨에 오면 물줄기는 바윗돌에 새겨진 현이, 악기가 된다 생이란 말 황이라는 소리가 율 려 율 려로 흐르는 봄날 오후
>
> —「동천 완장」 전문

와 같이 노래할 때이다. 그의 시 형태는 극명하게 양분되는데, 산문시 형식은 시인의 순수한 의식의 흐름을 단절 없이, 그리고 가급적 진술하게 드러내는 효과를 발휘한다. 즉 내면에서 발흥하는 어떤 감흥, 의식의 흐름, 의식의 내면적 정황을 고백이며 회고적으로 술회할 때 주로 쓰인다. 대상을 마주하고 그것이 불러일으키는 감정이나 내면적 성찰의 과정을 하나의 간단한 이야기로 포착하려는 의도인 것이다. 그리하여 내면의 감정을 어떤 고도의 언어적

기교를 부리지 않고 이야기하듯 담담한 어조로 술회한다. 이때 발화의 수신 대상은 고백의 회기성에 의해 자기 자신을 지향하는 경우가 대부분이다. 그것은 또한 그의 시가 지닌 정관적 태도, 세계를 자아화하는 시인 특유의 강렬한 욕망에서 기인하는 것이기도 하다.

그러나 김상환의 시가 산문시의 형태를 취하더라도 결코 부산하지 않다. 산문시 또한 정연한 행갈음의 운문처럼 간결하고 짧은 호흡으로 경쾌하게 리듬을 밟아 나가는 특성을 지니고 있다. 시인은 "창자까지 시원"하게 깨끗이 씻어낸다는 "선유동천 완장浣腸"에서 마치 선경에 든 듯한 느낌을 간결한 호흡과 깔끔한 언어로 형상화한다. 마음과 눈의 동선은 한 획의 낭비도 없이 깔끔하게 절제되어 있다. 시인의 언어는 선유동 계곡을 흐르는 물처럼, 선유동 계곡 바위 사이를 스치는 바람처럼 경쾌한 리듬을 타는 듯하다. '완장'으로 은유한 세속적 현실을 떠나 "물줄기는 바윗돌에 새겨진 현이, 악기"가 되어 울리는 물여울 음향에 심취한 순전히 무구한 상태의 마음을 읽을 수 있다. 그런데 여기에서 우리가 읽어야 할 점은 세속적 현실의 욕망에서 벗어나 초월적이고 이상적인 삶의 원리를 찾으려는 태도, 시집의 밑변을 관통하는 현실에 머물지만 현실을 넘어서려 꿈꾸는 초예超詣의 정신이다.

자연의 리듬이 들려주는 지극하고 조화로운 음향을 감

각하는 시인은 간결한 언어 사용과 간명한 이미지의 응축을 통해 시적 전언을 담아낸다. 바로 이러한 특징으로 말미암아 한층 역동적이고 생생하다. 대상을 감각하는 정밀하고 예민한 언어 감각은 한 폭의 회화적 그림을 연상하게 하며, 음악에 가까운 리듬에 육박하고 있다. 그런데 그가 담아내는 시 정신의 세계는 '선유동천 완장'과 '난생뢰'와 같이 삶의 구체나 현실을 다소 벗어난 곳에 있다. 이 말은 곧 존재하지 않는 것만이 우리를 존재한다는 역설과, 존재는 항상 본능적으로 존재 이상을 꿈꾼다는 것을 뜻한다. 김상환은 보이지 않는 것에서 아직 찾지 못한 태초의 말, 태초의 음악을 지음하려 욕망한다. 그는 그곳에 삶의 평범하지만 지극한 원리와 아름다움이 있다는 것을 말한다.

3.

서정 양식에서 표현 주체는 대상과 거리를 지우고 주객합일의 내면화, 즉 세계를 자아화한다. 고전적 관점에 따르면 서정시는 주체의 직관적 통찰에 의한 순간 포착을 근간으로 한다. 따라서 시의 핵심 내용은 자기 인식이나 세계와의 동일성을 추구하는 데 있다. 시의 본질적 특성으로서 무시간성이나 주객의 통합은 이러한 조건 때문이다. 김상환의 시는 내면의 심층과 분리하기 어려운 자기 고백, 어떤 계시성을 담뿍 담은 잠언적이며 성찰의 음성을 특성으로 한다. 자기 표현적 속성과 자기 회귀성을 기본으로 하는 고백과 성찰, 직관과 통찰의 어법으로 발화된다. 그는 어떤 사물을 마주하거나 상황에 직면했을 때 그것을 실체 그대로 재현 묘사하기보다는 대상을 자아화하여 표현한다. 이를 통해 자신의 내면과 세계의 비의를 사유한다. 그의 시가 사물의 객관성보다는 사물이나 현상을 해석하고 판단하는 직관적 통찰의 주관성 혹은 예지적 계시성 혹은 명상적인 성찰에 기초하는 것도 이러한 이유이다.

> 한여름 오후/ 법고 소리에 개울물이 깨어나면/ 꽃담에 비친 나는 비非/ 아니 나비가 되어버린/ 나반존자의 하늘// 구름은 멀고 체에 거른/ 바람이 건듯 분다/ 구름체꽃을 본 지 오래// 고도리 석조여래입상을 떠나온 지 오래// 죽은 새를 뒤로 하고 운문을 나서니/ 시가, 노래가 되는 것은/ 사이라는 현이다
> ―「운문」 부분

시적 주체의 내적 정념을 고백하는 전형적인 특성을 드러내는 인용 시는 그의 시가 내장한 형식미와 시적 사유의 형질을 특징적으로 담아낸다. 아마도 이 시를 시집을 여는 첫 시로 배치한 이유도 여기에 있을 것이다. 그것은 시집의 서언 격인「시인의 말」, 즉 "운문을 나서니/ 시가, 노래

가 되는 것은/ 사이의 현"이라는 알 듯 말 듯 오묘한 진술을 이 시의 시구에서 가져온 것을 보아도 쉽게 짐작할 수 있다. 따라서 가능할지 모르겠지만, 그의 시의 요체에 접근할 수 있는 시금석 같은 작품이다. 그의 시적 지향성에 대한 하나의 암시를 제공해 주기 때문이다. 그 암시의 끝자락에 언어란 기호 체계 혹은 정보 전달 도구 이상의 무엇이며, 시의 언어란 현실 너머에 잠재한 어떤 가능성을 응시하고 그것을 현현하는 특별한 힘을 가지고 있다는 통찰이 자리한다.

  시의 제목 '운문'은 매우 중의적이다. 그의 시어 대부분이 그렇다. 그의 시에 등장하는 '운문'은 그의 고향 동리의 이름(「분홍 꽃신」)으로도 보이고, 비유적으로는 사원의 은유로도 보이며, 시를 일컫는 운문韻文 등을 다의적으로 은유한다. 대부분의 시에서 김상환은 시어의 의미를 한자로 병행하지 않는다. 그럼으로써 시의 메시지나 분위기를 모호하고 애매한 다중적인 경계에 머물도록 유도한다. 아무 것도 특정할 수 없다. 이런 중의적 제목인 '운문'은 이 대목에서 절[雲門]을 비유하는 듯하다. 화자는 "한여름 오후" 절간에 들었다. 불법을 비유하는 "법고 소리"는 절간의 고요한 적막을 깨워 개울물을 생동하게 하고, "배롱나무 그늘" "꽃담에 비친" 현상계의 '나'를 '비非' 즉 언어유희의 역설을 통해 '나'를 '나'가 아닌[非] 존재로서 '나비'로 인식하도록 이끈다. 장자의 호접몽을 연상케 한다. '나'는 "나비가 되어 버린" 것이다. 이는 피아彼我의 구별區別을 잊어버리고 물아일체, 만물일체라는 혼연渾然의 상태를 지향하는 화자의 정신적 태도를 그대로 표상한다. 이를테면 독성獨聖의 지혜로운 깨달음에 이른 '나반존자', '나비'의 유사한 음운적 연속으로 보이는 "나반존자의 하늘"같이 고양된 경지를 추앙하는 시인의 상향적 정신의 지향성을 환기한다.

시인은 이어서 "체에 거른/ 바람"이 피워 올린 "구름체꽃을 본 지"도 "석조여래입상을 떠나온 지"도 오래라 진술한다. 그 오랜 시간은 사유 혹은 자유의 응결된 결정체로서 "구름체꽃", "석조여래상"으로 상징되는 침묵의 언어 세계인 시, 언어의 응결체로서 운문韻文의 리듬을 떠나있었던 산만한 세속적 시간과 산문 언어의 부산스러운 세계를 의미하는 듯하다. 세속적 산문 언어의 시간은 "죽은 새"가 상징하는 것처럼 영혼의 생명과 자유를 상실한 시간일 따름이다. 시인은 이제 산문적 시간이 지배하는 현상계 밖으로 나와 그윽한 어둠[玄] 속에서 현絃, 다른 시에서 "저녁의 깊이"(「저녁의 훈」)를 드러내는 "저녁의 훈"塤(「비가 아비가 있느냐」)이 발하는 음악, 절대음을 지음하려는 운문의 리듬 앞에 선 것이다. 시인은 그 리듬 앞에 서서 "물줄기는 바윗돌에 새겨진 현"의 "악기"가 발하는 소리 혹은 생황笙篁의 리듬이 "율 려 율 려"(「동천 완장」)로 흐르는 율려律呂의 음양적 조화와 리듬의 선율을 지음하는 것이다. 시인의 눈은 현상의 허상을 버리고 본질의 드러남을 향해 있다.

  시는 여타의 다른 담론 유형 혹은 언어 기능과 본질적으로 구분되는 계시성을 가지고 있다. 여기서 계시성이란 합리적 이성과 논리적 사유와 문법적 규범 안에서 이해하고 추론하고 판단하는 언어의 일반적 기능을 넘어서 있다는 것을 의미한다. 이 말은 곧 운문의 형식이란, 시의 언어란, 시란 결국 인간과 세계의 궁극적인 의미 혹은 은폐된 비의를 직관적으로 포착, 통찰, 해독, 폭로, 현시하는 능력을 가리킨다. 시인이 "조각에 새겨 놓은 금언이나 지혜의 말씀"인 '히브리의 믹담'(「나무 믹담」), 노자의 "명가명비상명"(「빈 집」), 이 시에서처럼 장자의 호접몽, 그리고 빈번하게 등장하는 '천부경' 연관의 시구, 성서의 '욥기', '잠언', '요한계시록', '요한복음' 등 경전에 등장하는 잠언이나 경구 등을 즐비하게 끌어들이는 인유적 상상력은 모두 사물이나 현상이 숨긴 비의를 드러내기 위한 하나의 방법이다. 그리하여 그의 시는 다소 현실 초월적 경향을 갖기도 한다.

    천부의 지극한 말씀/ 그대에게 길이 있다면/ 이곳이 길이 되리라, 한다// 거울을 마주한 이후/ 나는 밤이면 밤마다 하늘 저편/ 마차부자리에 오르는 꿈을 꾼다
                                                                  —「석경」 부분

김상환은 일상 언어 규범이나 합리적 이성의 문법이나 산문의 언어로는 접근할 수 없는 어떤 심연에서 울리는 비의를 직관하고 본질을 포착하는 데 주력한다. 이때 김상환의 언어와 시는 현실과 동떨어진, 아니 다른 현실성Wirklichkeit을 드러내 보인다. 그것은 "천부의 지극한 말씀"에서 어떤 진리의 '길'을 찾는 통종교적이고 형이상학적인 관념성, 특유의 정관적이며 성찰적인 명상의 태도, 그리고 마치 중력을 거부하고 "밤이면 밤마다 하늘 저편/ 마차부자리에 오르는 꿈"의 초월적 심미의식이 강하게 작동하기 때문이다. 하지만 그의 언어는 역설적으로 현실 속으로 잠입해 들어가 마침내는 "나는 비非/ 아니 나비가 되어버린" 반어적 역설을 통해 현실의 확실성 그 자체를 무화하고 전복하는 기능을 발휘한다. 현실의 확실성 너머에 존재하는 불가시의 가능태를 현시함으로써 합리와 이성의 언어로 구축한 현실 원칙을 전복한다. 이렇게 김상환은 이성과 합리로 무장한 주체의 확고부동한 가치와 신념 체계를 허물고 자신의 내밀한 고독 속에서 자아의 시종을 응시한다. 그 응시 속에서 시인의 언어는 모든 현실적 중력을 벗어나 현실 원칙을 무화無化하고는 일상적 경험의 배후에 존재하는 또 다른 자아의 세계를 현전한다. 시인이 '나'가 불현듯 '나비'로 현전하는 꿈의 세계를 구현하고는 "사이라는 현"을 통해 중의적으로 암시하듯 깊고 그윽하며 미묘한 어둠[玄]의 현絃에서 울리는 진언으로서의 시, 절대 언어로서 음악을 지음하려는 태도에서처럼 말이다.

경계를 넘나드는 김상환의 상상력은 범신론적 범주를 아우르는 것으로 통종교적이다. 서로 막힘없이 통한다. 그것은 마치 불교의 동체대비同體大悲나 불일이불이不一而不二의 사상을 떠올리게 만들기도 하면서, 또 직접적으로 그의 시에서 자주 인용되는 '천부경天符經', 노장의 사상들, 그리고 성서 구절에서 따온 인유적 상상력은 모두 심원한 정신적 각성의 세계를 드러낸다. 일례로 "내 안의 나/ 비를 보는"(「새벽길」) 것, 즉 행걸침의 수법을 통해 현상계의 내 안에서 또 다른 나로서의 '나비'를 현시하는 방법, 혹은 "한쪽으로 나무 둘레"를 도는 것을 두고 "나-무와 눈싸움"(「알 수 없는」)이라 진술할 때 역시 현상계의 '나'를 '무無'로 인식하고 그것을 결국 '나무와의 눈싸움'으로 형상하는 방법은 동일한 의미 맥락 위에 있다. 더불어 "천부/ 경을 읽"(「흰 개가 짖는 갑년」)는다고 했을 때 역시 행걸침을 통한 중의적 의미의 결합에서도 마찬가지이다.

시詩를 파자하면 절간의 언어이다. 운문의 언어는 사원의 언어, 시의 언어는 사원의 말, 침묵의 언어, 불립문자의 언어도단, 노자의 명가명비상명, 나가 나비이고 나비가 나이며, 하나가 둘이고 둘이 하나인 불일이불이의 반어적이며 역설적인 언어이다. 김상환은 이런 언어의 사원, 운문 앞에 나와 섰다. 시인은 어두운 태허太虛의 공백으로서 "사이의 현"이 생성하는 시와 노래의 음악 앞에 서 있는 것이다. 그 깊은 운문의 우물에 영혼의 닻을 내린 것이다. 그것은 또한 어둡고 긴 "사이의 현玄"으로 은유한 세속적 산문 언어의 시간을 통과했음을 지시한다. 그리고 현의 또 다른 속성으로서 그윽한 어둠 사이에 내재하는 사물의 깊은 이치와 아취雅趣를 응시하려는 시인의 태도를 환기한다. 그 응시는 곧 현악기의 줄인 현絃으로 연쇄하면서 그 "사이의 현"이 울리는 그윽하고 미묘하며 심원하고 유현한 운문의 리듬과 무구한 언어의 음악에서 시적 사유의 지평을 연다. 그러한 이유로 번득이는 예지의 통찰력과 계시성을 보여주며, 그런 만큼 다양한 해석의 여지와 여백의 문을 활짝 열어두고 우리를 맞이한다.

4.

김상환은 세속적 삶의 들끓는 욕망의 시간에서 이제는 돌아와 고요한 자세로 운문 앞에 섰다. 그 어둠의 현이 울리는 심연의 노래 속에, 운문의 심원한 세계 안에 '영혼의 닻'을 내린 것이다. 시인은 그 앞에 서서 "여음의 저녁"과

"율음의 아침"(「마침내」)이 들려주는 율려律呂의 궁극의 리듬과 노래와 울림을 지음하고자 한다. 그의 시는 평면적이고 기계적으로 현실을 수용하지 않는다. 그는 지금 이곳이 아닌 다른 어떤 곳, 어떤 피안, 어떤 비의를 향해 눈을 두고 있다. 시인의 마음은 "알 수 없고/ 말할 수 없는 당신"(「저녁의 혼」)에 가 있으며, 눈은 "말할 수 없는 것"과 "보이지 않는 것"(「비가」)에 닿아 있다. 이 말은 시를 정연한 현실 논리의 반영이나 현실의 부산물, 혹은 사회적 삽화나 어떤 사명으로 여기는 태도에서 비켜 서 있다는 것을 뜻한다. 가령,

가지사이로달빛이새어나온다새로운병은나을기색조차없다이별의기별도없이사라진먼나무그늘로수염이자라듯삼이자란다집에서든는에릭사티의짐노페디2번베란다의꽃이란꽃은말이없다느리고슬픈피아노의무한한선율명가명비상명의저녁이가고이름을알수없는새벽이온다꿈은사라지고나는아프다

야마野馬와
살갗과 읍울悒鬱과
거룩한

—「빈집」전문

라고 노래할 때, 김상환에게 시 쓰기는 형이상학적인 모험이며 탐색이다. 그것은 일종의 도전과 저항이다. 이를테면

현실의 문법이 기각한 또 다른 세계에 대한 도전적 탐문을 의미한다. 김상환은 "허물어진 고성과 노새의 방울 소리"를 성좌로 삼아 막막한 사막을 건너는 순례의 길 위에 있다. 불타는 사막의 화염 속에서 "낙타가 그림자 꽃을 피우"고 "꽃과 나무/ 새"가 없어도 "아름다운 비단, 길"(「서역의 달」) 끝에 열리는 법열의 지극한 극점을 향해 걷는다. 그 순례의 길이 시 쓰기이다. 시인은 순례의 구도자인 듯 아지랑이처럼 번지는 현기증의 "야마野馬"와 살아있음의 '살갗'의 감각, 그리고 "읍울悒鬱과/ 거룩"(「빈집」)함이 모두 공존하는 세계 내 존재의 내밀한 깊이 속으로 침잠해 들어가 그 울림을 지음한다. 달빛과 병과 이별, 음악과 꽃과 슬픔, 이런 모든 것들에 대해 이름 붙일 수도 없고 알 수도 없는 아픔의 고행이 그의 시 쓰기인 것이다.

이러한 다소 고전적이며 동양정신에 기반한 듯한 심미적 태도, 즉 '영혼의 닻'을 존재의 심연에 뿌리내리고 펼치는 탐색은 삶의 구체에서 유리된 독백, 공허한 관념주의라는 비판을 받을 수 있다. 그러나 그는 현실이 강요하는 모든 가치와 확실성과 믿음을 물리치고 일상의 경험 세계를 넘어선 초역사적 정신세계에 관심을 둔다. 예컨대 "나는 비非,/ 아니 나비"(「운문」), "내 안의 나/ 비"(「새벽길」) 등과 같은 장자의 호접몽, "모든 것은 모든 것에 이어져 있고 모든 곳은 모든 곳에 가 닿"(「아버지와 함께 찾아간 여름 바닷가」)으며

"물고기가 달을 읽"(「저녁 성당, 못」)고 "열에서 하나/ 하나에서 법/ 열"(「꽃살문」)을 보고, "나-무와 눈싸움"(「알 수 없는」) 끝에 그 '나무'의 텅 빈 "허/ 공에 마침내의 도가 있다"(「나무 미담」)는 등의 표현이 보여주는 노장의 철학과 선불교의 선문답 혹은 화두 같은 게송, "비가 아비가 있느냐/ 이슬 방울은 누가 낳았느냐"(「비가 아비가 있느냐」)거나 "무덤은 생명의 경계를 듣는 귀"(「무덤은 순전한 물음이다」) 등과 같은 성서의 잠언이나 경구들, 그리고 천부경과 음악 연관의 반복되는 인유적 상상력은 모두 그의 시가 지닌 잠언적 계시성과 현실 초월적 경향을 환기한다. 그러나 나무랄 일이 아니다. 왜냐하면 시인은 언어를 매개로 세계를 다시 창조해 내는 자이기 때문이다. 창조는 세계를 재현 복사하는 것이 아니라 세계를 근저로부터 뒤흔드는 변혁의 힘이다. 여기에 언어의 창조적 불온성이 있다.

  김상환은 주로 사회적 현실과 조건에 대해 무관심한 듯한 태도를 보이며 시적 대상과 내면을 응시하고 관조적으로 대면한다. 그러한 까닭에 내재적 초월에 대한 애착과 열망을 보여준다. 하여 〈중력과 은총〉의 사이에서 비롯된 그의 사유와 성향은 세계의 본질을 발견하기 위한 정관적 사유를 내용으로 삼는 경우가 대부분이며, 현실 저편에 있는 심원하고 항구적인 존재에로의 다가감을 목표로 한다. 세계라는 상형문자, "빛과 소금의 상형문자/ 위로 달"(「개암에 들다」)을 읽어나가는 그의 시선은 어떤 존재나 사물이나 현상의 근원을 향해 있기 때문에 다분히 범신론적이고 통종교적이다. 거기에는 "검은 빛 하느님"(「저녁 성당, 못」)과 "인중천지일의/ 흰 개"(「흰 개가 짖는 갑년」), "검은 빛의 무늬" "까치 꼬리깃에 내린 흰 눈"(「눈깃」), 그림 위의 "검은 점"과 "흰 바탕"(「벙어리와 고독한 자의 송사」), "검은 새와 흰 내"(「검은 등할미새」) 등 원시의 어둠과 빛이 짙게 감돈다. 그것은 태초의 텅 빈 상태로서의 태허太虛, 코스모스를 잉태한 카오스, 아니면 불교적 의미에서의 색을 품은 공空의 세계, 어떤 원초적 근원을 의미하는 것으로 볼 수 있다.

김상환이 고독하게 응시한 내밀성의 광맥은 우리를 일상적 의식 저편에 위치한, 보이지 않는 존재로 가득한 세계로 안내한다. 그는 신비의 지표를 찾고 있는 듯하다. 그 신비의 지표는 곧 말할 수도 없고, 알 수도 없고, 보이지도 않는 어떤 음악의 소리 같은 종류의 것이다. 그가 여러 작품에서 '훈', '현', '율려', '음악', '노래', '소리'와 연관한 시적 상상력을 자주 반복한다거나 원초이며 절대적 태허太虛의 상태를 상징하는 흰빛과 눈[雪], 검은 빛과 어둠(밤, 저녁)의 대비적 이미지를 통해 빈번하게 시적 사유를 펼치는 이유도 여기에 있다. 말하자면 "검은 새와 흰 내 사이"(「검은등할미새」), "사물과 마음의 경계"(「가지산 상상」)가 사라지고 "말할 수 없는 것/ 보이지 않는 것"(「비가」), 그리고 "알 수 없고

/ 말할 수 없는" "저녁의 깊이 저녁의 훈"에서 들려오는 궁극의 '노래'(「저녁의 훈」)를 감각한다. 그 궁극의 리듬이 안내하는 길을 따라가면 시초와 종말, 순간과 영원, 현실과 환상이 공존하는 세계가 있다. 여기에 이르면 우리는 나날의 진부하고 공허한 삶에서는 얻을 수 없는 어떤 고양된 감각과 존재의 깊이를 얻게 된다. 시인이 고독하게 응시한 내밀성의 광맥은 우리를 일상적 의식 저편에 위치한, 보이지 않는 존재로 가득한 세계로 안내한다. 그 길을 따라가면 시초와 종말, 순간과 영원, 현실과 환상이 공존하는 그 세계에서 우리는 나날의 진부하고 공허한 삶에서는 얻을 수 없는 어떤 고양된 감각과 생기를 얻는다.

"흰/ 나무/ 그림자가/ 창에 어리"(「범물, 흰」)는 겨울 오후의 풍경도 그렇고, 「마침내」에서처럼 천지간 눈이 멎은 겨울 아침 피어난 (동백)꽃도 그렇듯, 그의 시는 허와 공, 무의 감수성에 근간을 두고 있다. 이는 빛과 어둠의 표면적인 대비를 넘어서는 지점이다. 그리하여 원초적인 어둠과 빛이 품은 어떤 근원, 어떤 중심, 어떤 절대의 언어와 음감을 찾아가는 순례의 길, 구도의 길이 김상환의 시 쓰기라 할 수 있다. 그는 시란 미지, 즉 피안의 세계를 향해 나아가는 도정인 만큼 근시안적 현실 인식에 좌우되기보다는 부동하는 내면의 목소리에 귀를 기울이고 사물과 현상에 잠재하는 어떤 본질을 정관적 태도가 더 바람직하다는 입

장인 듯하다. "사물과 마음의 경계가 사라"(「가지산 상상」)져 하나인 피아 일체의 상태, "입구나 출구란 본래부터 없는 구멍"(「묵상하는 새」)이라는 원의 상징이 함유하는 공과 허로 세계를 이해하는 초월적 인식은 현실을 괄호로 묶는다. 그리고 그 바깥의 텅 빈 여백에서 꿈꾸며 삶과 세계가 은폐한 원초적 본질로서의 비의를 좇는다.

> 초승달은 푸른 말이다// 달의 갈기 곧추 세워 소녀는 현을 켠다// 물수제비처럼 선율이 하늘가에 퍼진다// 말은 검푸른 달// 그 달의 말과 빛으로// 뭇별이 쏟아지면// 홍교 아래 물이 흐른다
> ─「달과 소녀」 전문

시의 제목은 서양화가 강신국의 화제이다. 인용 시는 그 그림을 언어로 옮긴 것이다. 그런 까닭에 한 편의 풍경화, 풍경의 언어이다. 시인은 초승달이 초저녁 서쪽 하늘에 잠깐 머물다 사라진 어두운 밤하늘 자리에 별이 떠오르고, 무지개다리 아래 별빛으로 물들어 흐르는 밤의 아름답고 환상적이며 신비한 풍경을 그려낸다. 시인은 초저녁 잠깐 비치는 초승달 혹은 달빛을 "푸른 말"로 은유한다. 그리고 "푸른 말"과 연관한 이미지를 통해 달빛을 말의 '갈기'로 은유한다. 이러한 이미지는 계속 연쇄되는데, 달빛을 은유한 "달의 갈기"는 악기의 '현'이라는 은유를 얻는다. 푸른 말

달빛 갈기의 '현'에서 울리는 '선율'은 초원을 달리는 '푸른 말'의 경쾌한 움직임처럼 생동한다. 그 '선율'의 생동감은 다시 '물수제비처럼' 길게 동심원을 그리며 "하늘가에 퍼"져나가는 음악적 리듬을 얻는다. "초승달"을 "푸른 말", "달의 갈기"를 악기의 '현', '현'에서 울리는 소리를 '물수제비의 선율'이라는 이미지들의 연쇄는 결국 "말은 검푸른 달"이라는 은유를 얻어 모든 사물은 서로 결속된다. 달은 말, 말의 갈기는 현의 선율, 말은 달이 되는 은유 구조이다. 이렇게 사물이 서로 경계 없이 하나로 결속하는 연상 작용은 결국 '별'마저 "달의 말과 빛"이 되는 은유로 확장됨으로써 "홍교 아래 물"은 별빛으로 물들어 흐르는 아름답고 환상적이며 몽환적인 풍경을 그려내는 것이다.

시인은 평면적 그림의 풍경에 정중동의 입체적 생동감을 불어넣는다. 정중동의 입체적 정경은 간결하고 깔끔하며, 맑고 투명하다. 그리하여 김상환 시가 갖는 한 특이점으로서 형태적 측면에서 간결하고 내용적 차원에서 주관성과 상징성, 계시성과 직관성을 가장 잘 드러내는 작품 중 하나이다. 대상에 조용히 침잠해 들어가 관조적으로 응시하는 사색 끝에 뱉어놓는 언어는 한없이 맑고 투명하다. 맑고 간결한 투명성에 의해 이 시에 대해 어떤 해석을 덧붙인다 한들 그 말은 한갓 군더더기에 불과할 것이다. 여백의 미로 꽉 채워진 인용 시를 비롯한 여타의 시는 시의 본질로서 언어의 경제성을 최대한 고려한 듯 되도록 말을 적게 하고 침묵의 공간 속에서 생동하는 여백의 여운을 넓고 깊게 마련해 둔다. 그리하여 대상에 대한 묘사는 마치 음악이나 그림처럼 진한 시적 뉘앙스를 품으며 짙은 여운의 향기를 풍긴다.

긴말 필요 없이 1행을 1연으로 처리해 짧게 완결된, 단 일곱 줄의 연들이 펼치는 공간 감각은 놀라울 정도로 시적 공간을 압축하는 동시에 확장한다. 김상환의 시는 간결미, 혹은 응축된 이미지 구현의 시법을 지향한다. 이러한 압축된 회화미의 시법을 추구하는 시인의 창작 방법론을 엿볼 수 있게 한다. 따라서 그의 시의 형태적 특성을 대표할 수 있는 작품 가운데 하나로 평가할 수 있다. 시인은 단 일곱 줄로 초승달이 떴다 지고 별빛이 빛나는 어둠의 정적과 고요를 응시하고 그것을 절제된 언어로 이미지화한다. 이렇듯 그의 시는 숙성된 내면의 여과를 통해 고백적 어법으로 진술된다. 그 어법은 간명하지만 짙은 상징성과 계시성과 직관성을 머금은 언어로 구성된다. 거기에는 우주의 이치가 함께 함으로써 깨닫는 고고한 정신의 기품이 자리하고 있다.

여기서 고고한 정신의 기품이란 곧 세속에 물들지 않고 살아가려는 김상환 시인의 고상한 인격미를 말한다. 그는 세속의 공리적인 속박에 찌들지 않고 자유로운 마음의 상태에서 유현하게 삶과 세계를 정관하는 태도를 시종 견지한다. 그리하여 그의 시법이나 정관적 태도는 동양의 고전 시학에서 말하는 충담沖淡의 멋, 번잡하고 물욕이 판치는 세속적 현실에서 벗어나 음양의 조화를 관조하는 담백한 멋이 내재한다. 그리고 우주적 이치를 응시하는 유현한 사유로 말미암아 초예超詣의 미학을 구현한다. 그 심연에 대한 유현幽玄한 사유와 통찰이 김상환 시의 에스프리이자 테크네이며, 우리를 깊은 사색의 세계로 인도한다.

김상환

1957년 경북 영주 태생.
한남대 영어교육과 및 영남대 대학원 국문과 졸업(문학박사).
1981년 8월『월간문학』으로 시, 1993년 여름호『문화비평』에 평론「한 내면주의자에 대한 비망록적 글쓰기—이가림론」을 발표함으로 등단.
시집『영혼의 닻』, 프란체스코 페트라르카 시선『칸초니에레Canzoniere』(공역).
제4회 이윤수문학상 수상.
대구 경일여고 교사, 영남대 강사 역임.
이메일: gdpond@daum.net.

서정시학 시인선 204
왜왜

2023년 8월 30일 초판 1쇄 발행

지 은 이 · 김상환
펴 낸 이 · 최단아
편집교정 · 정우진
펴 낸 곳 · 도서출판 서정시학
인 쇄 소 · ㈜상지사
주 소 · 서울시 서초구 서초중앙로 18, 504호 (서초쌍용플래티넘)
전 화 · 02-928-7016
팩 스 · 02-922-7017
이 메 일 · lyricpoetics@gmail.com
출판등록 · 209-91-66271

ISBN 979-11-92580-15-9 03810

계좌번호: 국민 070101-04-072847 최단아(서정시학)
값 13,000원

* 잘못된 책은 바꾸어 드립니다.

서정시학 시인선

001 드므에 담긴 삽   강은교, 최동호
002 문열어라 하늘아   오세영
003 허무집   강은교
004 니르바나의 바다   박희진
005 뱀 잡는 여자   한혜영
006 새로운 취미   김종미
007 그림자들   김 참
008 공장은 안녕하다   표성배
009 어두워질 때까지   한미성
010 눈사람이 눈사람이 되는 동안   이태선
011 차가운 식사   박홍점
012 생일 꽃바구니   휘 민
013 노을이 흐르는 강   조은길
014 소금창고에서 날아가는 노고지리   이건청
015 근황   조항록
016 오늘부터의 숲   노춘기
017 끝이 없는 길   주종환
018 비밀요원   이성렬
019 웃는 나무   신미균
020 그녀들 비탈에 서다   이기와
021 청어의 저녁   김윤식
022 주먹이 운다   박순원
023 홀소리 여행   김길나
024 오래된 책   허현숙
025 별의 방목   한기팔
026 사람과 함께 이 길을 걸었네   이기철
027 모란으로 가는 길   성선경
029 동백, 몸이 열릴 때   장창영
030 불꽃 비단벌레   최동호
031 우리시대 51인의 젊은 시인들   김경주 외 50인
032 문턱   김혜영
033 명자꽃   홍성란
034 아주 잠깐   신덕룡
035 거북이와 산다   오문강
036 올레 끝   나기철
037 흐르는 말   임승빈
038 위대한 표본책   이승주
039 시인들 나라   나태주
040 노랑꼬리 연   황학주
041 메아리 학교   김만수
042 천상의 바람, 지상의 길   이승하
043 구름 사육사   이원도
044 노천 탁자의 기억   신원철
045 칸나의 저녁   손순미

046 악어야 저녁 먹으러 가자　　배성희

047 물소리 천사　　김성춘

048 물의 낯에 지문을 새기다　　박완호

049 그리움 위하여　　정삼조

050 샤또마고를 마시는 저녁　　황명강

051 물어뜯을 수도 없는 숨소리　　황봉구

052 듣고 싶었던 말　　안경라

053 진경산수　　성선경

054 등불소리　　이채강

055 우리시대 젊은 시인들과 김달진문학상　　이근화 외

056 햇살 마름질　　김선호

057 모래알로 울다　　서상만

058 고전적인 저녁　　이지담

059 더 없이 평화로운 한때　　신승철

060 봉평장날　　이영춘

061 하늘사다리　　안현심

062 유씨 목공소　　권성훈

063 굴참나무 숲에서　　이건청

064 마침표의 침묵　　김완성

065 그 소식　　홍윤숙

066 허공에 줄을 긋다　　양균원

067 수지도를 읽다　　김용권

068 케냐의 장미　　한영수

069 하늘 불탱　　최명길

070 파란 돛　　장석남 외

071 숟가락 사원　　김영식

072 행성의 아이들　　김추인

073 낙동강 시집　　이달희

074 오후의 지퍼들　　배옥주

075 바다빛에 물들기　　천향미

076 사랑하는 나그네 당신　　한승원

077 나무수도원에서　　한광구

078 순비기꽃　　한기팔

079 벚나무 아래, 키스자국　　조창환

080 사랑의 샘　　박송희

081 술병들의 묘지　　고명자

082 악, 꽁치 비린내　　심성술

083 별박이자나방　　문효치

084 부메랑　　박태현

085 서울엔 별이 땅에서 뜬다　　이대의

086 소리의 그물　　박종해

087 바다로 간 진흙소　　박호영

088 레이스 짜는 여자　　서대선

089 누군가 잡았지 옷깃　　김정인

090 선인장 화분 속의 사랑　　정주연

091 꽃들의 화장 시간　　이기철

092 노래하는 사막　　홍은택

093 불의 설법　　이승하

094 덤불 설계도　　정정례

095 영통의 기쁨　　박희진

096 슬픔이 움직인다　강호정

097 자줏빛 얼굴 한 쪽　황명자

098 노자의 무덤을 가다　이영춘

099 나는 말하지 않으리　조동숙

100 닥터 존슨　신원철

101 루루를 위한 세레나데　김용화

102 골목을 나는 나비　박덕규

103 꽃보다 잎으로 남아　이순희

104 천국의 계단　이준관

105 연꽃무덤　안현심

106 종소리 저편　윤석훈

107 칭다오 잔교 위　조승래

108 둥근 집　박태현

109 뿌리도 가끔 날고 싶다　박일만

110 돌과 나비　이자규

111 적빈赤貧의 방학　김종호

112 뜨거운 달　차한수

113 나의 해바라기가 가고 싶은 곳　정영선

114 하늘 우체국　김수복

115 저녁의 내부　이서린

116 나무는 숲이 되고 싶다　이향아

117 잎사귀 오도송　최명길

118 이별 연습하는 시간　한승원

119 숲길 지나 가을　임승천

120 제비꽃 꽃잎 속　김명리

121 말의 알　박복조

122 파도가 바다에게　민용태

123 지구의 살점이 보이는 거리　김유섭

124 잃어버린 골목길　김구슬

125 자물통 속의 눈　이지담

126 다트와 주사위　송민규

127 하얀 목소리　한승헌

128 온유　김성춘

129 파랑은 어디서 왔나　성선경

130 곡마단 뒷마당엔 말이 한 마리 있었네　이건청

131 넘나드는 사잇길에서　황봉구

132 이상하고 아름다운　강재남

133 밤하늘이 시를 쓰다　김수복

134 멀고 먼 길　김초혜

135 어제의 나는 내가 아니라고　백 현

136 이 순간을 감싸며　박태현

137 초록방정식　이희섭

138 뿌리에 관한 비망록　손종호

139 물속 도시　손지안

140 외로움이 아깝다　김금분

141 그림자 지우기　김만복

142 The 빨강　배옥주

143 아무것도 아닌, 모든　변희수

144 상강 아침　안현심

145 불빛으로 집을 짓다　전숙경

146 나무 아래 시인   최명길

147 토네이토 딸기   조연향

148 바닷가 오월   정하해

149 파랑을 입다   강지희

150 숨은 벽   방민호

151 관심 밖의 시간   강신형

152 하노이 고양이   유승영

153 산산수수화화초초   이기철

154 닭에게 세 번 절하다   이정희

155 슬픔을 이기는 방법   최해춘

156 플로리안 카페에서 쓴 편지   한이나

157 너무 아픈 것은 나를 외면한다   이상호

158 따뜻한 편지   이영춘

159 기울지 않는 길   장재선

160 동양하숙, 신원철

161 나는 구부정한 숫자예요   노승은

162 벽이 내게 등을 내주었다   홍영숙

163 바다, 모른다고 한다   문 영

164 향기로운 네 얼굴   배종환

165 시 속의 애인   금동원

166 고독의 다른 말   홍우식

167 풀잎을 위한 노래   이수산

168 어리신 어머니   나태주

169 돌속의 울음   서영택

170 햇볕 좋다   권이영

171 사랑이 돌아오는 시간   문현미

172 파미르를 베고 누워   김일태

173 사랑혀유, 걍   김익두

174 있는 듯 없는 듯   박이도

175 너에게 잠을 부어주다   이지담

176 행마법   강세화

177 어느 봄바다 활동성 어류에 대한 보고서   조승래

178 터무니   유안진

179 길 위의 피아노   김성춘

180 이혼을 결심하는 저녁에는   정혜영

181 파도 뚫는 아바이   박대성

182 고등어가 있는 풍경   한경용

183 0도의 사랑   김구슬

184 눈물을 조각하여 허공에 걸어 두다   신영조

185 미르테의 꽃, 슈만   이수영

186 망와의 귀면을 쓰고 오는 날들   이영란

187 속삭이는 바나나   지정애

188 더러, 사랑이기 전에   김판용

189 물빛 식탁   한이나

190 두 개의 거울   주한태

191 만나러 가는 길   김초혜

192 분꽃 상처 한 잎   장 욱

196 하얗게 말려 쓰는 슬픔   김선아

197 극락조를 기다리며   허창무

198 늙은 봄날   윤수천

199 뒤뚱거리는 마을   이은봉

200 신의 정원에서   박용재

201 바다로 날아간 나비   이병구

202 절벽 아래 파안대소破顔大笑   이병석

203 숨죽이며 기다리는 결정적 순간   박병원